TRANZLATY

La Langue est pour tout le Monde

ภาษาเป็นสิ่งที่ทุกคนต้องการ

La Belle et la Bête

ความงามและสัตว์ร้าย

Gabrielle-Suzanne Barbot de Villeneuve

Français / ไทย

Copyright © 2025 Tranzlaty
All rights reserved
Published by Tranzlaty
ISBN: 978-1-80572-064-5
Original text by Gabrielle-Suzanne Barbot de Villeneuve
La Belle et la Bête
First published in French in 1740
Taken from The Blue Fairy Book (Andrew Lang)
Illustration by Walter Crane
www.tranzlaty.com

Il était une fois un riche marchand
ครั้งหนึ่งมีพ่อค้าที่ร่ำรวยคนหนึ่ง

ce riche marchand avait six enfants
พ่อค้าผู้มั่งมีคนนี้มีลูกหกคน

il avait trois fils et trois filles
เขามีลูกชายสามคนและลูกสาวสามคน

il n'a épargné aucun coût pour leur éducation
เขาไม่ประหยัดค่าใช้จ่ายสำหรับการศึกษาของพวกเขา

parce qu'il était un homme sensé
เพราะเขาเป็นคนที่มีสามัญสำนึก

mais il a donné à ses enfants de nombreux serviteurs
แต่พระองค์ก็ทรงให้บุตรของพระองค์มีคนรับใช้มากมาย

ses filles étaient extrêmement jolies
ลูกสาวของเขาสวยมาก

et sa plus jeune fille était particulièrement jolie
และลูกสาวคนเล็กของเขาก็น่ารักเป็นพิเศษ

Déjà enfant, sa beauté était admirée
ตั้งแต่เด็กความงามของเธอเป็นที่ชื่นชมแล้ว

et les gens l'appelaient à cause de sa beauté
และผู้คนต่างเรียกเธอด้วยความงามของเธอ

sa beauté ne s'est pas estompée avec l'âge
ความงามของเธอไม่ได้จางหายไปเมื่อเธออายุมากขึ้น

alors les gens ont continué à l'appeler par sa beauté
ผู้คนจึงเรียกเธอด้วยความงามของเธอ

cela a rendu ses sœurs très jalouses
ทำให้พี่สาวของเธออิจฉามาก

les deux filles aînées avaient beaucoup de fierté
ลูกสาวคนโตทั้งสองคนมีความภาคภูมิใจอย่างมาก

leur richesse était la source de leur fierté
ความมั่งคั่งของพวกเขาคือที่มาของความภูมิใจของพวกเขา

et ils n'ont pas caché leur fierté non plus
และพวกเขาก็ไม่ได้ซ่อนความภูมิใจของพวกเขาด้วย

ils n'ont pas rendu visite aux filles d'autres marchands
พวกเขาไม่ได้ไปเยี่ยมลูกสาวพ่อค้าคนอื่นเลย

parce qu'ils ne rencontrent que l'aristocratie
เพราะเขาเจอแต่พวกขุนนางเท่านั้น

ils sortaient tous les jours pour faire la fête
พวกเขาออกไปงานปาร์ตี้ทุกวัน

bals, pièces de théâtre, concerts, etc.
บอล ละคร คอนเสิร์ต ฯลฯ

et ils se moquèrent de leur plus jeune sœur
แล้วพวกเขาก็หัวเราะเยาะน้องสาวคนเล็กของพวกเขา

parce qu'elle passait la plupart de son temps à lire
เพราะเธอใช้เวลาส่วนใหญ่ไปกับการอ่านหนังสือ

il était bien connu qu'ils étaient riches
เป็นที่รู้กันดีว่าพวกเขาเป็นคนร่ำรวย

alors plusieurs marchands éminents ont demandé leur main
พ่อค้าชื่อดังหลายรายจึงมาขอเงินจากพวกเขา

mais ils ont dit qu'ils n'allaient pas se marier
แต่พวกเขาก็บอกว่าพวกเขาจะไม่แต่งงาน

mais ils étaient prêts à faire quelques exceptions
แต่พวกเขาก็เตรียมที่จะให้มีข้อยกเว้นบางประการ

« Peut-être que je pourrais épouser un duc »
"บางทีฉันอาจจะแต่งงานกับดยุคได้"

« Je suppose que je pourrais épouser un comte »
"ฉันคิดว่าฉันคงแต่งงานกับเอิร์ลได้"

Belle a remercié très civilement ceux qui lui ont proposé
นางงามก็ขอบคุณผู้ที่ขอเธอแต่งงานอย่างสุภาพมาก
elle leur a dit qu'elle était encore trop jeune pour se marier
เธอบอกพวกเขาว่าเธอยังเด็กเกินไปที่จะแต่งงาน
elle voulait rester quelques années de plus avec son père
เธออยากอยู่กับพ่ออีกสักสองสามปี
Tout d'un coup, le marchand a perdu sa fortune
ทันใดนั้นพ่อค้าก็สูญเสียทรัพย์สมบัติของเขาไป
il a tout perdu sauf une petite maison de campagne
เขาสูญเสียทุกสิ่งทุกอย่างยกเว้นบ้านในชนบทหลังเล็ก
et il dit à ses enfants, les larmes aux yeux :
และเขาเล่าให้ลูกๆ ฟังทั้งน้ำตาว่า:
« il faut aller à la campagne »
"เราต้องไปชนบท"
« et nous devons travailler pour gagner notre vie »
"และเราจะต้องทำงานเพื่อเลี้ยงชีพ"
les deux filles aînées ne voulaient pas quitter la ville
ลูกสาวคนโตทั้งสองคนไม่อยากออกจากเมือง
ils avaient plusieurs amants dans la ville
พวกเขามีคู่รักหลายคนในเมือง
et ils étaient sûrs que l'un de leurs amants les épouserait
และพวกเขาก็มั่นใจว่าคนรักของพวกเขาคนหนึ่งจะต้องแต่งงานกับพวกเขา
ils pensaient que leurs amants les épouseraient même sans fortune
พวกเขาคิดว่าคนรักของพวกเขาจะแต่งงานกับพวกเขาแม้ว่าจะไม่มีโชคลาภก็ตาม
mais les bonnes dames se sont trompées

แต่สตรีที่ดีกลับเข้าใจผิด
leurs amants les ont abandonnés très vite
คนรักของพวกเขาละทิ้งพวกเขาไปอย่างรวดเร็วมาก
parce qu'ils n'avaient plus de fortune
เพราะพวกเขาไม่มีทรัพย์สมบัติอีกต่อไป
cela a montré qu'ils n'étaient pas vraiment appréciés
นี่แสดงให้เห็นว่าพวกเขาไม่ได้เป็นที่ชื่นชอบจริงๆ
tout le monde a dit qu'ils ne méritaient pas d'être plaints
ทุกคนบอกว่าไม่สมควรได้รับความสงสาร
« Nous sommes heureux de voir leur fierté humiliée »
"เรารู้สึกยินดีที่เห็นความภาคภูมิใจของพวกเขาได้รับการบรรเทาล
ง"
« Qu'ils soient fiers de traire les vaches »
"ให้พวกเขาภูมิใจในการรีดนมวัว"
mais ils étaient préoccupés par Belle
แต่พวกเขาสนใจเรื่องความสวยงาม
elle était une créature si douce
เธอเป็นสิ่งมีชีวิตที่น่ารักมาก
elle parlait si gentiment aux pauvres
เธอพูดจาดีกับคนจนมาก
et elle était d'une nature si innocente
และนางมีนิสัยบริสุทธิ์มาก
Plusieurs messieurs l'auraient épousée
สุภาพบุรุษหลายท่านคงจะแต่งงานกับเธอ
ils l'auraient épousée même si elle était pauvre
พวกเขาคงจะแต่งงานกับเธอแม้ว่าเธอจะยากจนก็ตาม
mais elle leur a dit qu'elle ne pouvait pas les épouser

แต่เธอบอกพวกเขาว่าเธอไม่สามารถแต่งงานกับพวกเขาได้
parce qu'elle ne voulait pas quitter son père
เพราะเธอไม่ยอมทิ้งพ่อของเธอ
elle était déterminée à l'accompagner à la campagne
เธอตั้งใจจะไปกับเขาที่ชนบท
afin qu'elle puisse le réconforter et l'aider
เพื่อที่เธอจะได้ปลอบใจและช่วยเหลือเขาได้
pauvre Belle était très affligée au début
นางงามผู้น่าสงสารเสียใจมากในตอนแรก
elle était attristée par la perte de sa fortune
เธอเสียใจกับการสูญเสียทรัพย์สมบัติของเธอ
"Mais pleurer ne changera pas mon destin"
"แต่การร้องไห้ก็ไม่ได้เปลี่ยนแปลงโชคชะตาของฉันได้"
« Je dois essayer de me rendre heureux sans richesse »
"ฉันต้องพยายามทำให้ตัวเองมีความสุขโดยไม่ต้องมีเงินทอง"
ils sont venus dans leur maison de campagne
พวกเขามาถึงบ้านในชนบทของพวกเขาแล้ว
et le marchand et ses trois fils s'appliquèrent à l'agriculture
และพ่อค้ากับบุตรทั้งสามก็พากันประกอบอาชีพเกษตรกรรม
Belle s'est levée à quatre heures du matin
สาวสวยตื่นมาตอนตีสี่
et elle s'est dépêchée de nettoyer la maison
แล้วเธอก็รีบทำความสะอาดบ้าน
et elle s'est assurée que le dîner était prêt
และเธอก็ทำให้แน่ใจว่าอาหารเย็นพร้อมแล้ว
au début, elle a trouvé sa nouvelle vie très difficile
ในตอนแรกเธอพบว่าชีวิตใหม่ของเธอนั้นยากมาก
parce qu'elle n'était pas habituée à un tel travail

เพราะเธอไม่เคยชินกับงานเช่นนี้

mais en moins de deux mois elle est devenue plus forte
แต่ในเวลาไม่ถึงสองเดือนเธอก็แข็งแกร่งขึ้น

et elle était en meilleure santé que jamais auparavant
และเธอก็มีสุขภาพแข็งแรงมากกว่าเดิม

après avoir fait son travail, elle a lu
หลังจากที่เธอทำการบ้านเสร็จแล้วเธอก็อ่านหนังสือ

elle jouait du clavecin
เธอเล่นฮาร์ปซิคอร์ด

ou elle chantait en filant de la soie
หรือเธอร้องเพลงขณะที่เธอปั่นไหม

au contraire, ses deux sœurs ne savaient pas comment passer leur temps
ตรงกันข้าม

น้องสาวทั้งสองของเธอไม่รู้จักใช้เวลาว่างให้เกิดประโยชน์

ils se sont levés à dix heures et n'ont rien fait d'autre que paresser toute la journée
พวกเขาตื่นตอนสิบโมงและไม่ทำอะไรเลยนอกจากนอนเล่นทั้งวัน

ils ont déploré la perte de leurs beaux vêtements
พวกเขาคร่ำครวญถึงการสูญเสียเสื้อผ้าอันสวยงามของตน

et ils se sont plaints d'avoir perdu leurs connaissances
และพวกเขาบ่นเรื่องการสูญเสียคนรู้จักของพวกเขา

« Regardez notre plus jeune sœur », se dirent-ils.
"มาดูน้องสาวคนเล็กของเราสิ" พวกเขาพูดต่อกัน

"Quelle pauvre et stupide créature elle est"
"เธอเป็นสิ่งมีชีวิตที่น่าสงสารและโง่เขลาจริงๆ"

"C'est mesquin de se contenter de si peu"
"มันหมายถึงการพอใจกับสิ่งเล็กๆ น้อยๆ"

le gentil marchand était d'un avis tout à fait différent
พ่อค้าผู้ใจดีมีความคิดเห็นแตกต่างไปจากเดิมมาก

il savait très bien que Belle éclipsait ses sœurs
เขาตระหนักดีว่าความงามนั้นเหนือกว่าพี่สาวของเธอ

elle les a surpassés en caractère ainsi qu'en esprit
เธอโดดเด่นกว่าพวกเขาทั้งในด้านบุคลิกและจิตใจ

il admirait son humilité et son travail acharné
เขาชื่นชมความอ่อนน้อมถ่อมตนและการทำงานหนักของเธอ

mais il admirait surtout sa patience
แต่สิ่งที่เขาชื่นชมที่สุดคือความอดทนของเธอ

ses sœurs lui ont laissé tout le travail à faire
พี่สาวของเธอทิ้งงานทั้งหมดให้เธอทำ

et ils l'insultaient à chaque instant
และพวกเขาก็ดูหมิ่นเธอทุกขณะ

La famille vivait ainsi depuis environ un an.
ครอบครัวนี้อยู่กันอย่างนี้มาประมาณปีหนึ่งแล้ว

puis le commerçant a reçu une lettre d'un comptable
แล้วพ่อค้าก็ได้รับจดหมายจากนักบัญชี

il avait un investissement dans un navire
เขาได้ลงทุนในเรือ

et le navire était arrivé sain et sauf
และเรือก็มาถึงอย่างปลอดภัย

Cette nouvelle a fait tourner les têtes des deux filles aînées
นี้ ทำให้ลูกสาวคนโตทั้งสองเปลี่ยนใจ

ils ont immédiatement eu l'espoir de revenir en ville
พวกเขาเริ่มมีความหวังที่จะกลับเข้าเมืองทันที

parce qu'ils étaient assez fatigués de la vie à la campagne
เพราะพวกเขาเบื่อหน่ายกับชีวิตชนบทมาก

ils sont allés vers leur père alors qu'il partait
พวกเขาไปหาพ่อของพวกเขาขณะที่เขากำลังจะออกไป

ils l'ont supplié de leur acheter de nouveaux vêtements
พวกเขาขอร้องให้เขาซื้อเสื้อผ้าใหม่ให้

des robes, des rubans et toutes sortes de petites choses
ชุดเดรส ริบบิ้น และสิ่งของเล็กๆ น้อยๆ มากมาย

mais Belle n'a rien demandé
แต่ความงามไม่ได้เรียกร้องสิ่งใด

parce qu'elle pensait que l'argent ne serait pas suffisant
เพราะเธอคิดว่าเงินคงไม่พอ

il n'y aurait pas assez pour acheter tout ce que ses sœurs voulaient
คงไม่พอที่จะซื้อทุกสิ่งที่น้องสาวของเธอต้องการ

"Que veux-tu, ma belle ?" demanda son père
"อยากได้อะไรคะคนสวย" พ่อของเธอถาม

« Merci, père, pour la bonté de penser à moi », dit-elle
"ขอบคุณคุณพ่อที่กรุณานึกถึงฉัน" เธอกล่าว

« Père, ayez la gentillesse de m'apporter une rose »
"คุณพ่อ โปรดกรุณาเอาดอกกุหลาบมาให้ฉันด้วยเถิด"

"parce qu'aucune rose ne pousse ici dans le jardin"
"เพราะที่นี่ไม่มีกุหลาบขึ้นในสวน"

"et les roses sont une sorte de rareté"
"และดอกกุหลาบก็เป็นของหายากชนิดหนึ่ง"

Belle ne se souciait pas vraiment des roses
ความงามไม่ได้สนใจดอกกุหลาบจริงๆ

elle a juste demandé quelque chose pour ne pas condamner ses sœurs
เธอขอเพียงบางอย่างไม่ให้ตำหนิพี่สาวของเธอ

mais ses sœurs pensaient qu'elle avait demandé des roses

pour d'autres raisons
แต่พี่สาวของเธอคิดว่าเธอขอดอกกุหลาบเพราะเหตุผลอื่น

"Elle l'a fait juste pour avoir l'air particulière"
"เธอทำแบบนั้นเพียงเพื่อให้ดูพิเศษ"

L'homme gentil est parti en voyage
ชายผู้ใจดีได้ออกเดินทาง

mais quand il est arrivé, ils se sont disputés à propos de la marchandise
แต่พอเขามาถึงก็ทะเลาะกันเรื่องสินค้า

et après beaucoup d'ennuis, il est revenu aussi pauvre qu'avant
และหลังจากผ่านความยากลำบากมากมายเขาก็กลับมาจนเหมือนเดิม

il était à quelques heures de sa propre maison
เขาอยู่ห่างจากบ้านของเขาเองเพียงไม่กี่ชั่วโมง

et il imaginait déjà la joie de revoir ses enfants
และเขาจินตนาการถึงความสุขในการได้เห็นลูกๆ ของเขาแล้ว

mais en traversant la forêt, il s'est perdu
แต่พอผ่านป่าไปก็หลงทาง

il a plu et neigé terriblement
ฝนตกและหิมะตกหนักมาก

le vent était si fort qu'il l'a fait tomber de son cheval
ลมแรงมากจนเขากระเด็นตกจากหลังม้า

et la nuit arrivait rapidement
และกลางคืนก็มาถึงอย่างรวดเร็ว

il a commencé à penser qu'il pourrait mourir de faim
เขาเริ่มคิดว่าเขาอาจจะอดอาหาร

et il pensait qu'il pourrait mourir de froid

และเขาคิดว่าเขาอาจจะตายด้วยความหนาวตาย

et il pensait que les loups pourraient le manger

และเขาคิดว่าหมาป่าอาจกินเขา

les loups qu'il entendait hurler tout autour de lui

หมาป่าที่เขาได้ยินหอนอยู่รอบตัวเขา

mais tout à coup il a vu une lumière

แต่ทันใดนั้นเขาก็เห็นแสงสว่าง

il a vu la lumière au loin à travers les arbres

เขาเห็นแสงสว่างอยู่ไกลๆ ผ่านต้นไม้

quand il s'est approché, il a vu que la lumière était un palais

เมื่อเข้าไปใกล้ก็เห็นว่าแสงนั้นคือวัง

le palais était illuminé de haut en bas

พระราชวังได้รับการส่องสว่างจากบนลงล่าง

le marchand a remercié Dieu pour sa chance

พ่อค้าขอบคุณพระเจ้าสำหรับโชคของเขา

et il se précipita vers le palais

แล้วเขาก็รีบไปยังพระราชวัง

mais il fut surpris de ne voir personne dans le palais

แต่เขาแปลกใจที่ไม่เห็นคนอยู่ในวัง

la cour était complètement vide

ลานบ้านว่างเปล่าโดยสิ้นเชิง

et il n'y avait aucun signe de vie nulle part

และไม่มีสัญญาณของสิ่งมีชีวิตอยู่เลย

son cheval le suivit dans le palais

ม้าของเขาตามเขาเข้าไปในพระราชวัง

et puis son cheval a trouvé une grande écurie

แล้วม้าของเขาก็พบคอกม้าใหญ่

le pauvre animal était presque affamé

สัตว์ที่น่าสงสารนั้นเกือบจะอดอาหารตาย

alors son cheval est allé chercher du foin et de l'avoine

ม้าของเขาจึงเข้าไปหาหญ้าแห้งและข้าวโอ๊ต

Heureusement, il a trouvé beaucoup à manger

โชคดีที่เขาพบอาหารมากมาย

et le marchand attacha son cheval à la mangeoire

และพ่อค้าก็ผูกม้าของตนไว้กับรางหญ้า

En marchant vers la maison, il n'a vu personne

เดิน ไปทางบ้านไม่เห็นใครเลย

mais dans une grande salle il trouva un bon feu

แต่ในห้องโถงใหญ่เขาพบไฟที่ดี

et il a trouvé une table dressée pour une personne

และเขาพบโต๊ะที่จัดไว้สำหรับหนึ่งคน

il était mouillé par la pluie et la neige

เขาเปียกจากฝนและหิมะ

alors il s'est approché du feu pour se sécher

เขาจึงเข้าไปใกล้ไฟเพื่อเช็ดตัวให้แห้ง

« J'espère que le maître de maison m'excusera »

"ผมหวังว่าเจ้าของบ้านคงจะยกโทษให้ผม"

« Je suppose qu'il ne faudra pas longtemps pour que quelqu'un apparaisse »

"ฉันคิดว่าคงจะไม่นานเกินรอที่จะมีใครปรากฏตัว"

Il a attendu un temps considérable

เขาคอยอยู่นานพอสมควร

il a attendu jusqu'à ce que onze heures sonnent, et toujours personne n'est venu

เขาคอยจนกระทั่งตีสิบเอ็ดก็ยังไม่มีใครมา

enfin, il avait tellement faim qu'il ne pouvait plus attendre

ในที่สุดเขาก็หิวมากจนรอไม่ไหวอีกต่อไป

il a pris du poulet et l'a mangé en deux bouchées
เขาหยิบไก่มากินหมดภายในสองคำ

il tremblait en mangeant la nourriture
เขาตัวสั่นขณะกินอาหาร

après cela, il a bu quelques verres de vin
หลังจากนี้เขาก็ดื่มไวน์ไปสองสามแก้ว

devenant plus courageux, il sortit du hall
เขาเริ่มกล้ามากขึ้นจึงเดินออกไปจากห้องโถง

et il traversa plusieurs grandes salles
และเขาเดินผ่านห้องโถงใหญ่หลายห้อง

il a traversé le palais jusqu'à ce qu'il arrive dans une chambre
เขาเดินผ่านพระราชวังจนมาถึงห้องหนึ่ง

une chambre qui contenait un très bon lit
ห้องที่มีเตียงอันดีอย่างยิ่งอยู่ภายใน

il était très fatigué par son épreuve
เขาเหนื่อยมากจากการทดสอบของเขา

et il était déjà minuit passé
และเวลาก็เลยเที่ยงคืนไปแล้ว

alors il a décidé qu'il était préférable de fermer la porte
เขาจึงตัดสินใจว่าควรจะปิดประตูเสียดีกว่า

et il a conclu qu'il devrait aller se coucher
แล้วเขาก็สรุปว่าเขาควรจะเข้านอน

Il était dix heures du matin lorsque le marchand s'est réveillé
เป็นเวลาสิบโมงเช้าพ่อค้าจึงตื่นนอน

au moment où il allait se lever, il vit quelque chose

ขณะที่เขาจะลุกขึ้นก็เห็นบางอย่าง

il a été étonné de voir un ensemble de vêtements propres
เขาประหลาดใจเมื่อเห็นชุดเสื้อผ้าสะอาดหมดจด

à l'endroit où il avait laissé ses vêtements sales
ในสถานที่ที่เขาทิ้งเสื้อผ้าสกปรกของเขาไว้

"ce palais appartient certainement à une sorte de fée"
"พระราชวังแห่งนี้ต้องเป็นของนางฟ้าบางชนิดแน่ๆ"

" une fée qui m'a vu et qui a eu pitié de moi"
" นางฟ้า ที่ได้เห็นและสงสารฉัน"

il a regardé à travers une fenêtre
เขามองผ่านหน้าต่าง

mais au lieu de neige, il vit le jardin le plus charmant
แต่แทนที่จะเห็นหิมะเขากลับเห็นสวนที่น่ารื่นรมย์ที่สุด

et dans le jardin il y avait les plus belles roses
และในสวนก็มีดอกกุหลาบที่สวยงามที่สุด

il est ensuite retourné dans la grande salle
จากนั้นเขาก็กลับเข้าสู่ห้องโถงใหญ่

la salle où il avait mangé de la soupe la veille
ห้องโถงที่เขาเคยกินซุปเมื่อคืนก่อน

et il a trouvé du chocolat sur une petite table
และเขาพบช็อคโกแลตบนโต๊ะเล็กๆ

« Merci, bonne Madame la Fée », dit-il à voix haute.
"ขอบคุณนะท่านหญิงนางฟ้าผู้แสนดี" เขาพูดออกมาดังๆ

"Merci d'être si attentionné"
"ขอบคุณที่คอยห่วงใย"

« Je vous suis extrêmement reconnaissant pour toutes vos faveurs »
"ผมรู้สึกขอบคุณคุณมากสำหรับความโปรดปรานทั้งหมดของคุณ

"

l'homme gentil a bu son chocolat
ผู้ชายที่ใจดีดื่มช็อคโกแลตของเขา

et puis il est allé chercher son cheval
แล้วเขาก็ไปหาม้าของเขา

mais dans le jardin il se souvint de la demande de Belle
แต่ในสวนเขาจำคำขอของความงามได้

et il coupa une branche de roses
และเขาตัดกิ่งกุหลาบออกไป

immédiatement il entendit un grand bruit
ทันใดนั้นเขาก็ได้ยินเสียงดังมาก

et il vit une bête terriblement effrayante
และเขาได้เห็นสัตว์ร้ายที่น่ากลัวมาก

il était tellement effrayé qu'il était sur le point de s'évanouir
เขาตกใจมากจนแทบจะเป็นลม

« Tu es bien ingrat », lui dit la bête.
"เจ้าช่างเนรคุณยิ่งนัก" สัตว์ร้ายกล่าวกับเขา

et la bête parla d'une voix terrible
และสัตว์ร้ายนั้นก็พูดด้วยน้ำเสียงที่น่ากลัว

« Je t'ai sauvé la vie en te laissant entrer dans mon château »
"ฉันช่วยชีวิตคุณไว้ด้วยการยอมให้คุณเข้ามาในปราสาทของฉัน"

"et pour ça tu me voles mes roses en retour ?"
"แล้วคุณก็ขโมยดอกกุหลาบของฉันไปเพื่อแลกกับสิ่งนี้เหรอ?"

« Les roses que j'apprécie plus que tout »
"ดอกกุหลาบที่ฉันให้ความสำคัญเหนือสิ่งอื่นใด"

"mais tu mourras pour ce que tu as fait"
"แต่เจ้าจะต้องตายเพราะสิ่งที่เจ้าทำ"

« Je ne vous donne qu'un quart d'heure pour vous préparer »

"ฉันให้เวลาคุณเตรียมตัวเพียง 15 นาทีเท่านั้น"

« Préparez-vous à la mort et dites vos prières »

"เตรียมตัวให้พร้อมสำหรับความตายและสวดมนต์ภาวนา"

le marchand tomba à genoux

พ่อค้าก็คุกเข่าลง

et il leva ses deux mains

และเขาก็ยกมือทั้งสองขึ้น

« Monseigneur, je vous supplie de me pardonner »

"ท่านลอร์ด

ข้าพเจ้าขอวิงวอนท่านโปรดยกโทษให้แก่ข้าพเจ้าด้วย"

« Je n'avais aucune intention de t'offenser »

"ฉันไม่มีเจตนาจะทำให้คุณขุ่นเคือง"

« J'ai cueilli une rose pour une de mes filles »

"ฉันเก็บดอกกุหลาบมาฝากลูกสาวคนหนึ่งของฉัน"

"elle m'a demandé de lui apporter une rose"

"เธอขอให้ฉันนำดอกกุหลาบไปให้เธอ"

« Je ne suis pas ton seigneur, mais je suis une bête », répondit le monstre

"ฉันไม่ใช่เจ้านายของคุณ แต่ฉันเป็นสัตว์ร้าย" สัตว์ประหลาดตอบ

« Je n'aime pas les compliments »

"ฉันไม่ชอบคำชม"

« J'aime les gens qui parlent comme ils pensent »

"ผมชอบคนที่พูดตามความคิด"

« N'imaginez pas que je puisse être ému par la flatterie »

"อย่าคิดว่าฉันจะสะเทือนใจได้เพราะคำเยินยอ"

« Mais tu dis que tu as des filles »

"แต่คุณบอกว่าคุณมีลูกสาว"

"Je te pardonnerai à une condition"

"ฉันจะให้อภัยคุณ แต่มีเงื่อนไขข้อหนึ่ง"

« L'une de vos filles doit venir volontairement à mon palais »

"ลูกสาวของคุณคนหนึ่งจะต้องมาที่วังของฉันโดยเต็มใจ"

"et elle doit souffrir pour toi"

"และเธอจะต้องทนทุกข์เพื่อคุณ"

« Donne-moi ta parole »

"ให้ฉันได้พูดคำของคุณ"

"et ensuite tu pourras vaquer à tes occupations"

"แล้วคุณก็สามารถดำเนินกิจการของคุณต่อไปได้"

« Promets-moi ceci : »

"สัญญากับฉันสิว่า:"

"Si votre fille refuse de mourir pour vous, vous devez revenir dans les trois mois"

"ถ้าลูกสาวคุณไม่ยอมตายแทนคุณ

คุณต้องกลับมาภายในสามเดือน"

le marchand n'avait aucune intention de sacrifier ses filles

พ่อค้าไม่มีเจตนาที่จะเสียสละลูกสาวของตน

mais, comme on lui en donnait le temps, il voulait revoir ses filles une fois de plus

แต่เนื่องจากเขาได้รับเวลาจึงอยากพบลูกสาวอีกครั้ง

alors il a promis qu'il reviendrait

เขาจึงสัญญาว่าจะกลับมา

et la bête lui dit qu'il pouvait partir quand il le voudrait

และสัตว์ร้ายนั้นบอกเขาว่าเขาสามารถออกเดินทางได้เมื่อใดก็ได้ตามที่เขาต้องการ

et la bête lui dit encore une chose

และสัตว์ร้ายก็บอกเขาอีกเรื่องหนึ่ง

« Tu ne partiras pas les mains vides »

"ท่านจะต้องไม่จากไปมือเปล่า"

« retourne dans la pièce où tu étais allongé »

"กลับไปยังห้องที่คุณนอนอยู่"

« vous verrez un grand coffre au trésor vide »

"คุณจะเห็นหีบสมบัติว่างเปล่าขนาดใหญ่"

« Remplissez le coffre aux trésors avec ce que vous préférez »

"เติมหีบสมบัติด้วยสิ่งที่คุณชอบที่สุด"

"et j'enverrai le coffre au trésor chez toi"

"แล้วฉันจะส่งหีบสมบัติไปที่บ้านของคุณ"

et en même temps la bête s'est retirée

และในเวลาเดียวกันนั้นสัตว์ร้ายก็ถอยกลับไป

« Eh bien, » se dit le bon homme

"เอาล่ะ" ชายผู้ดีพูดกับตัวเอง

« Si je dois mourir, je laisserai au moins quelque chose à mes enfants »

"หากฉันต้องตาย ฉันคงทิ้งบางสิ่งบางอย่างไว้ให้ลูกหลานบ้าง"

alors il retourna dans la chambre à coucher

แล้วเขาก็กลับเข้าไปในห้องนอน

et il a trouvé une grande quantité de pièces d'or

และเขาพบเศษทองคำจำนวนมากมาย

il a rempli le coffre au trésor que la bête avait mentionné

เขาเติมหีบสมบัติที่สัตว์ร้ายได้กล่าวถึง

et il sortit son cheval de l'écurie

แล้วเขาก็เอาม้าของเขาออกจากคอก

la joie qu'il ressentait en entrant dans le palais était désormais égale à la douleur qu'il ressentait en le quittant

ความสุขที่เขารู้สึกเมื่อเข้าไปในพระราชวังตอนนี้ก็เท่ากับความเศร้

าที่เขารู้สึกเมื่อออกจากพระราชวังไปแล้ว

le cheval a pris un des chemins de la forêt

ม้าเดินไปตามทางหนึ่งในป่า

et quelques heures plus tard, le bon homme était à la maison

และอีกไม่กี่ชั่วโมงชายดีก็กลับบ้าน

ses enfants sont venus à lui

ลูกๆ ของเขามาหาเขา

mais au lieu de recevoir leurs étreintes avec plaisir, il les regardait

แต่แทนที่จะรับการกอดด้วยความยินดี เขากลับมองดูพวกเขา

il brandit la branche qu'il tenait dans ses mains

เขาชูกิ่งไม้ที่อยู่ในมือขึ้นมา

et puis il a fondu en larmes

แล้วเขาก็เริ่มร้องไห้ออกมา

« Belle », dit-il, « s'il te plaît, prends ces roses »

"สวยจัง" เขากล่าว "โปรดรับดอกกุหลาบเหล่านี้ไป"

"Vous ne pouvez pas savoir à quel point ces roses ont été chères"

"คุณคงไม่รู้หรอกว่าดอกกุหลาบเหล่านี้มีราคาแพงขนาดไหน"

"Ces roses ont coûté la vie à ton père"

"ดอกกุหลาบเหล่านี้ทำให้พ่อของคุณต้องเสียชีวิต"

et puis il raconta sa fatale aventure

แล้วเขาก็เล่าถึงการผจญภัยอันเลวร้ายของเขา

immédiatement les deux sœurs aînées crièrent

พี่สาวคนโตทั้งสองก็ร้องตะโกนออกมาทันที

et ils ont dit beaucoup de choses méchantes à leur belle sœur

และพวกเขาก็พูดจาไม่ดีกับน้องสาวคนสวยของพวกเขามากมาย

mais Belle n'a pas pleuré du tout

แต่ความงามกลับไม่ร้องไห้เลย

« Regardez l'orgueil de ce petit misérable », dirent-ils.

"ดูความภูมิใจของเด็กน้อยผู้น่าสงสารคนนั้นสิ" พวกเขาพูด

"elle n'a pas demandé de beaux vêtements"

"เธอไม่ได้ขอเสื้อผ้าดีๆ"

"Elle aurait dû faire ce que nous avons fait"

"เธอควรทำเหมือนกับที่เราทำ"

"elle voulait se distinguer"

"เธอต้องการที่จะทำให้ตัวเองแตกต่าง"

"alors maintenant elle sera la mort de notre père"

"ดังนั้นตอนนี้เธอคงเป็นความตายของพ่อของเรา"

"et pourtant elle ne verse pas une larme"

"แต่นางก็ไม่หลั่งน้ำตา"

"Pourquoi devrais-je pleurer ?" répondit Belle

"ทำไมฉันต้องร้องไห้" บิวตี้ตอบ

« pleurer serait très inutile »

"การร้องไห้คงไม่จำเป็นเลย"

« Mon père ne souffrira pas pour moi »

"พ่อของฉันจะไม่ทนทุกข์แทนฉัน"

"le monstre acceptera une de ses filles"

"เจ้าสัตว์ประหลาดจะยอมรับลูกสาวคนหนึ่งของมัน"

« Je m'offrirai à toute sa fureur »

"ฉันจะยอมมอบตัวต่อความโกรธเกรี้ยวของเขา"

« Je suis très heureux, car ma mort sauvera la vie de mon père »

"ผมดีใจมากเพราะการตายของผมจะช่วยชีวิตพ่อไว้ได้"

"ma mort sera une preuve de mon amour"

"ความตายของฉันจะเป็นเครื่องพิสูจน์ความรักของฉัน"

« Non, ma sœur », dirent ses trois frères
"ไม่หรอกพี่สาว" พี่ชายทั้งสามของเธอกล่าว

"cela ne sera pas"
"นั่นจะไม่เกิดขึ้น"

"nous allons chercher le monstre"
"เราจะไปตามหาสัตว์ประหลาดนั้น"

"et soit on le tue..."
"แล้วเราจะฆ่าเขาหรือเปล่า..."

« ... ou nous périrons dans cette tentative »
"...หรือเราจะพินาศเพราะการพยายามนี้"

« N'imaginez rien de tel, mes fils », dit le marchand.
"อย่าคิดเรื่องแบบนั้นเลยลูก" พ่อค้ากล่าว

"La puissance de la bête est si grande que je n'ai aucun espoir que tu puisses la vaincre"
"พลังของสัตว์ร้ายนั้นยิ่งใหญ่มากจนข้าไม่มีความหวังว่าเจ้าจะเอาชนะมันได้"

« Je suis charmé par l'offre aimable et généreuse de Belle »
"ผมหลงใหลในความงามอันแสนดีและเอื้อเฟื้อเผื่อแผ่"

"mais je ne peux pas accepter sa générosité"
"แต่ฉันไม่สามารถยอมรับความเอื้อเฟื้อของเธอได้"

« Je suis vieux et je n'ai plus beaucoup de temps à vivre »
"ฉันแก่แล้ว และคงอยู่ได้ไม่นาน"

"Je ne peux donc perdre que quelques années"
"ฉันจึงสูญเสียเวลาไปเพียงไม่กี่ปีเท่านั้น"

"un temps que je regrette pour vous, mes chers enfants"
"เวลาที่แม่เสียใจแทนลูกๆ ของแม่"

« Mais père », dit Belle
"แต่คุณพ่อ" นางงามกล่าว

"tu n'iras pas au palais sans moi"

"เจ้าจะเข้าพระราชวังไม่ได้ถ้าไม่มีข้า"

"tu ne peux pas m'empêcher de te suivre"

"คุณไม่สามารถหยุดฉันจากการติดตามคุณได้"

rien ne pourrait convaincre Belle autrement

ไม่มีสิ่งใดสามารถโน้มน้าวใจความงามได้

elle a insisté pour aller au beau palais

นางยืนกรานจะไปพระราชวังอันวิจิตรงดงาม

et ses sœurs étaient ravies de son insistance

และพี่สาวของเธอก็ดีใจกับความยืนกรานของเธอ

Le marchand était inquiet à l'idée de perdre sa fille

พ่อค้าเกิดความวิตกกังวลเมื่อคิดว่าจะต้องสูญเสียลูกสาวไป

il était tellement inquiet qu'il avait oublié le coffre rempli d'or

เขากังวลมากจนลืมไปว่ามีหีบที่เต็มไปด้วยทองอยู่

la nuit, il se retirait pour se reposer et fermait la porte de sa chambre

ในเวลากลางคืนเขาเข้านอนและปิดประตูห้องของเขา

puis, à sa grande surprise, il trouva le trésor à côté de son lit

แล้วเขาก็พบสมบัติอยู่ข้างเตียงของเขาด้วยความประหลาดใจอย่างยิ่ง

il était déterminé à ne rien dire à ses enfants

เขาตั้งใจที่จะไม่บอกลูกๆ ของเขา

s'ils savaient, ils auraient voulu retourner en ville

ถ้าพวกเขารู้พวกเขาคงอยากกลับเมืองไปแล้ว

et il était résolu à ne pas quitter la campagne

และเขาตั้งใจว่าจะไม่ออกจากชนบทไป

mais il confia le secret à Belle

แต่เขาฝากความงามไว้กับความลับ

elle l'informa que deux messieurs étaient venus

เธอแจ้งให้เขาทราบว่ามีสุภาพบุรุษสองคนมา

et ils ont fait des propositions à ses sœurs

และพวกเขาก็ขอแต่งงานกับน้องสาวของเธอ

elle a supplié son père de consentir à leur mariage

เธอได้ขอร้องพ่อของเธอให้ยินยอมให้การแต่งงานของพวกเขา

et elle lui a demandé de leur donner une partie de sa fortune

และเธอขอให้เขาแบ่งทรัพย์สมบัติของเขาให้พวกเขาบ้าง

elle leur avait déjà pardonné

เธอได้ให้อภัยพวกเขาไปแล้ว

les méchantes créatures se frottaient les yeux avec des oignons

พวกสัตว์ร้ายขยี้ตาด้วยหัวหอม

pour forcer quelques larmes quand ils se sont séparés de leur sœur

ต้องหลั่งน้ำตาเมื่อต้องแยกทางกับน้องสาว

mais ses frères étaient vraiment inquiets

แต่พี่ชายของเธอเป็นห่วงจริงๆ

Belle était la seule à ne pas verser de larmes

ความงามเป็นสิ่งเดียวที่ไม่หลั่งน้ำตา

elle ne voulait pas augmenter leur malaise

เธอไม่ต้องการให้พวกเขารู้สึกไม่สบายใจเพิ่มมากขึ้น

le cheval a pris la route directe vers le palais

ม้าเดินไปตามทางตรงไปยังพระราชวัง

et vers le soir ils virent le palais illuminé

และเมื่อใกล้ค่ำก็มองเห็นพระราชวังสว่างไสว

le cheval est rentré à l'écurie

ม้าก็พาตัวเองกลับเข้าคอกอีกครั้ง

et le bon homme et sa fille entrèrent dans la grande salle

และชายดีและลูกสาวของเขาเข้าไปในห้องโถงใหญ่

ici ils ont trouvé une table magnifiquement dressée

ที่นี่พวกเขาพบโต๊ะที่จัดเสิร์ฟไว้อย่างงดงาม

le marchand n'avait pas d'appétit pour manger

พ่อค้าไม่มีความอยากอาหารที่จะกิน

mais Belle s'efforçait de paraître joyeuse

แต่ความงามพยายามที่จะปรากฏให้ปรากฏเป็นความร่าเริง

elle s'est assise à table et a aidé son père

เธอนั่งลงที่โต๊ะและช่วยพ่อของเธอ

mais elle pensait aussi :

แต่เธอเองก็คิดกับตัวเองว่า:

"La bête veut sûrement m'engraisser avant de me manger"

"เจ้าสัตว์ร้ายนั่นคงจะอยากทำให้ฉันอ้วนก่อนที่มันจะกินฉัน"

"c'est pourquoi il offre autant de divertissement"

"นั่นคือเหตุผลว่าทำไมเขาจึงให้ความบันเทิงได้มากมายเช่นนี้"

après avoir mangé, ils entendirent un grand bruit

หลังจากที่พวกเขากินเสร็จก็ได้ยินเสียงดังมาก

et le marchand fit ses adieux à son malheureux enfant, les larmes aux yeux

และพ่อค้าก็กล่าวอำลาลูกสาวผู้เคราะห์ร้ายของเขาด้วยน้ำตาคลอเบ้า

parce qu'il savait que la bête allait venir

เพราะเขารู้ว่าสัตว์ร้ายกำลังจะมา

Belle était terrifiée par sa forme horrible

นางงามตกใจกลัวรูปร่างอันน่าสะพรึงกลัวของเขา

mais elle a pris courage du mieux qu'elle a pu

แต่เธอก็ใช้ความกล้าหาญเท่าที่เธอสามารถทำได้

et le monstre lui a demandé si elle était venue volontairement

และเจ้าสัตว์ประหลาดก็ถามเธอว่าเธอมาเต็มใจหรือเปล่า

"Oui, je suis venue volontiers", dit-elle en tremblant

"ใช่ ฉันมาด้วยความเต็มใจ" เธอกล่าวด้วยเสียงสั่นเทา

la bête répondit : « Tu es très bon »

สัตว์ร้ายตอบว่า "คุณเก่งมาก"

"et je vous suis très reconnaissant, honnête homme"

"และฉันก็ขอบคุณคุณมากนะ คุณคนซื่อสัตย์"

« Allez-y demain matin »

"พรุ่งนี้เช้าคุณไปตามทางของคุณ"

"mais ne pense plus jamais à revenir ici"

"แต่ไม่เคยคิดที่จะมาที่นี่อีก"

« Adieu Belle, adieu bête », répondit-il

"ลาก่อนนะเจ้าคนสวย ลาก่อนเจ้าสัตว์ร้าย" เขาตอบ

et immédiatement le monstre s'est retiré

และทันใดนั้นเจ้าสัตว์ประหลาดก็ถอยกลับไป

« Oh, ma fille », dit le marchand

"โอ้ลูกสาว" พ่อค้ากล่าว

et il embrassa sa fille une fois de plus

และเขาก็กอดลูกสาวของเขาอีกครั้ง

« Je suis presque mort de peur »

"ผมแทบจะกลัวตายเลย"

"crois-moi, tu ferais mieux de rentrer"

"เชื่อฉันเถอะ คุณควรกลับไปดีกว่า"

"Laisse-moi rester ici, à ta place"

"ให้ฉันอยู่ที่นี่แทนคุณ"

« Non, père », dit Belle d'un ton résolu.
"ไม่หรอกพ่อ" นางงามกล่าวด้วยน้ำเสียงเด็ดขาด

"tu partiras demain matin"
"ท่านจะต้องออกเดินทางพรุ่งนี้เช้า"

« Laissez-moi aux soins et à la protection de la Providence »
"ปล่อยให้ฉันอยู่ภายใต้การดูแลและคุ้มครองของพระผู้เป็นเจ้า"

néanmoins ils sont allés se coucher
ถึงกระนั้นพวกเขาก็เข้านอน

ils pensaient qu'ils ne fermeraient pas les yeux de la nuit
พวกเขาคิดว่าพวกเขาจะไม่หลับตาตลอดทั้งคืน

mais juste au moment où ils se couchaient, ils s'endormirent
แต่พอพวกเขานอนลงก็หลับไป

La belle rêva qu'une belle dame venait et lui disait :
นางงามฝันเห็นหญิงงามคนหนึ่งมาพูดกับนางว่า

« Je suis content, Belle, de ta bonne volonté »
"ฉันพอใจในความปรารถนาดีของคุณนะคนสวย"

« Cette bonne action de votre part ne restera pas sans récompense »
"ความดีของท่านนี้จะไม่สูญเปล่า"

Belle s'est réveillée et a raconté son rêve à son père
นางงามตื่นมาเล่าความฝันให้พ่อฟัง

le rêve l'a aidé à se réconforter un peu
ความฝันนั้นช่วยทำให้เขาสบายใจขึ้นบ้างเล็กน้อย

mais il ne pouvait s'empêcher de pleurer amèrement en partant
แต่เขาอดไม่ได้ที่จะร้องไห้ด้วยความขมขื่นขณะที่เขากำลังจะจากไป

Dès qu'il fut parti, Belle s'assit dans la grande salle et pleura aussi

พอเขาไปแล้ว นางงามก็นั่งลงในห้องโถงใหญ่แล้วร้องไห้ด้วย

mais elle résolut de ne pas s'inquiéter

แต่เธอตั้งใจว่าจะไม่กังวล

elle a décidé d'être forte pour le peu de temps qui lui restait à vivre

เธอตัดสินใจที่จะเข้มแข็งเพื่อช่วงเวลาอันสั้นที่เธอเหลืออยู่

parce qu'elle croyait fermement que la bête la mangerait

เพราะเธอเชื่อมั่นว่าสัตว์ร้ายจะกินเธอ

Cependant, elle pensait qu'elle pourrait aussi bien explorer le palais

อย่างไรก็ตามเธอคิดว่าเธออาจจะสำรวจพระราชวังก็ได้

et elle voulait voir le beau château

และนางก็อยากชมปราสาทอันสวยงาม

un château qu'elle ne pouvait s'empêcher d'admirer

ปราสาทที่เธอไม่อาจละสายตาไปชื่นชม

c'était un palais délicieusement agréable

เป็นพระราชวังที่น่ารื่นรมย์มาก

et elle fut extrêmement surprise de voir une porte

และเธอก็แปลกใจมากเมื่อเห็นประตู

et sur la porte il était écrit que c'était sa chambre

และเหนือประตูก็เขียนไว้ว่าเป็นห้องของเธอ

elle a ouvert la porte à la hâte

เธอเปิดประตูอย่างรีบเร่ง

et elle était tout à fait éblouie par la magnificence de la pièce

และเธอก็ตะลึงกับความอลังการของห้องนั้นมาก

ce qui a principalement retenu son attention était une grande bibliothèque

สิ่งที่ดึงดูดความสนใจของเธอมากที่สุดคือห้องสมุดขนาดใหญ่

un clavecin et plusieurs livres de musique

ฮาร์ปซิคอร์ดและหนังสือเพลงหลายเล่ม

« Eh bien, » se dit-elle

"เอาล่ะ" เธอพูดกับตัวเอง

« Je vois que la bête ne laissera pas mon temps peser sur moi »

"ฉันเห็นว่าสัตว์ร้ายจะไม่ปล่อยให้เวลาของฉันหนักเกินไป"

puis elle réfléchit à sa situation

แล้วเธอก็ทบทวนถึงสถานการณ์ของเธอ

« Si je devais rester un jour, tout cela ne serait pas là »

"ถ้าฉันถูกกำหนดให้อยู่ที่นี่สักวัน ทั้งหมดนี้คงไม่เกิดขึ้น"

cette considération lui inspira un courage nouveau

การพิจารณาเรื่องนี้ทำให้เธอมีกำลังใจใหม่

et elle a pris un livre de sa nouvelle bibliothèque

และเธอก็หยิบหนังสือจากห้องสมุดใหม่ของเธอ

et elle lut ces mots en lettres d'or :

และเธออ่านคำเหล่านี้ด้วยตัวอักษรสีทอง:

« Accueillez Belle, bannissez la peur »

"ยินดีต้อนรับความงาม ขจัดความกลัวออกไป"

« Vous êtes reine et maîtresse ici »

"คุณเป็นราชินีและเจ้านายที่นี่"

« Exprimez vos souhaits, exprimez votre volonté »

"พูดความปรารถนาของคุณ พูดเจตจำนงของคุณ"

« L'obéissance rapide répond ici à vos souhaits »

"การเชื่อฟังอย่างรวดเร็วจะตอบสนองความปรารถนาของคุณที่นี่"

« Hélas, dit-elle avec un soupir

"อนิจจา" เธอกล่าวด้วยเสียงถอนหายใจ

« Ce que je souhaite par-dessus tout, c'est revoir mon pauvre père. »

"ฉันปรารถนาอย่างยิ่งที่จะได้เห็นพ่อที่น่าสงสารของฉัน"

"et j'aimerais savoir ce qu'il fait"

"และฉันอยากรู้ว่าเขาทำอะไรอยู่"

Dès qu'elle eut dit cela, elle remarqua le miroir

เมื่อเธอพูดจบเธอก็สังเกตเห็นกระจก

à sa grande surprise, elle vit sa propre maison dans le miroir

เธอประหลาดใจมากที่เห็นบ้านของตัวเองในกระจก

son père est arrivé émotionnellement épuisé

พ่อของเธอมาถึงในสภาพเหนื่อยล้าทางอารมณ์

ses sœurs sont allées à sa rencontre

พี่สาวของเธอไปพบเขา

malgré leurs tentatives de paraître tristes, leur joie était visible

แม้จะพยายามแสดงอาการเศร้าโศก แต่ความสุขกลับปรากฏชัด

un instant plus tard, tout a disparu

สักครู่ต่อมาทุกอย่างก็หายไป

et les appréhensions de Belle ont également disparu

และความวิตกกังวลของความงามก็หายไปด้วย

car elle savait qu'elle pouvait faire confiance à la bête

เพราะเธอรู้ว่าเธอสามารถไว้ใจสัตว์ร้ายนั้นได้

À midi, elle trouva le dîner prêt

เมื่อเที่ยงเธอก็พบว่าอาหารเย็นเสร็จแล้ว

elle s'est assise à la table

เธอนั่งลงที่โต๊ะ

et elle a été divertie avec un concert de musique

และเธอได้รับความบันเทิงด้วยการแสดงดนตรี

même si elle ne pouvait voir personne

แม้ว่าเธอไม่สามารถมองเห็นใครเลย

le soir, elle s'est à nouveau assise pour dîner
ตอนกลางคืนเธอก็มานั่งกินข้าวเย็นอีก
cette fois elle entendit le bruit que faisait la bête
คราวนี้เธอได้ยินเสียงสัตว์ร้ายร้องออกมา
et elle ne pouvait s'empêcher d'être terrifiée
และเธอก็อดไม่ได้ที่จะหวาดกลัว
"Belle", dit le monstre
"ความงาม" เจ้าสัตว์ประหลาดกล่าว
"est-ce que tu me permets de manger avec toi ?"
"คุณอนุญาตให้ฉันกินข้าวกับคุณได้ไหม"
« Fais comme tu veux », répondit Belle en tremblant
"ทำตามที่เธอพอใจ" ความงามตอบด้วยเสียงสั่นเทา
"Non", répondit la bête
"ไม่" สัตว์ร้ายตอบ
"tu es seule la maîtresse ici"
"คุณเป็นเจ้านายคนเดียวที่นี่"
"tu peux me renvoyer si je suis gênant"
"ถ้าฉันสร้างปัญหา คุณสามารถส่งฉันไปได้"
« renvoyez-moi et je me retirerai immédiatement »
"ส่งฉันไปเถอะ ฉันจะถอนตัวทันที"
« Mais dis-moi, ne me trouves-tu pas très laide ? »
"แต่บอกฉันหน่อยสิว่าคุณไม่คิดว่าฉันน่าเกลียดเลยหรือ?"
"C'est vrai", dit Belle
"นั่นเป็นเรื่องจริง" นางงามกล่าว
« Je ne peux pas mentir »
"ฉันไม่สามารถโกหกได้"
"mais je crois que tu es de très bonne nature"
"แต่ฉันเชื่อว่าคุณเป็นคนดีมาก"

« Je le suis en effet », dit le monstre
"ฉันเป็นเช่นนั้นจริงๆ" สัตว์ประหลาดกล่าว

« Mais à part ma laideur, je n'ai pas non plus de bon sens »
"แต่ถึงแม้ฉันจะน่าเกลียดแค่ไหน ฉันก็ไม่มีความรู้สึกเช่นกัน"

« Je sais très bien que je suis une créature stupide »
"ฉันรู้ดีว่าฉันเป็นสิ่งมีชีวิตที่โง่เขลา"

« Ce n'est pas un signe de folie de penser ainsi », répondit Belle.
"การคิดเช่นนั้นไม่ใช่สัญญาณของความโง่เขลา" นางงามตอบ

« Mange donc, belle », dit le monstre
"กินซะนะคนสวย" สัตว์ประหลาดกล่าว

« essaie de t'amuser dans ton palais »
"พยายามหาความสนุกสนานในวังของคุณ"

"tout ici est à toi"
"ทุกสิ่งทุกอย่างที่นี่คือของคุณ"

"et je serais très mal à l'aise si tu n'étais pas heureux"
"และฉันคงจะรู้สึกไม่สบายใจมาก หากคุณไม่มีความสุข"

« Vous êtes très obligeant », répondit Belle
"คุณมีน้ำใจมาก" นางงามตอบ

« J'avoue que je suis heureux de votre gentillesse »
"ข้าพเจ้ายอมรับว่าข้าพเจ้าพอใจในความกรุณาของท่าน"

« et quand je considère votre gentillesse, je remarque à peine vos difformités »
"และเมื่อฉันคิดถึงความกรุณาของคุณ

ฉันแทบจะไม่สังเกตเห็นความผิดปกติของคุณเลย"

« Oui, oui, dit la bête, mon cœur est bon.
"ใช่ ใช่" สัตว์ร้ายกล่าว "ใจของฉันดี

"mais même si je suis bon, je suis toujours un monstre"

"ถึงแม้ฉันจะเป็นคนดี แต่ฉันก็ยังเป็นสัตว์ประหลาดอยู่ดี"

« Il y a beaucoup d'hommes qui méritent ce nom plus que toi »

"มีผู้ชายหลายคนที่คู่ควรกับชื่อนั้นมากกว่าคุณ"

"et je te préfère tel que tu es"

"และฉันก็ชอบคุณอย่างที่คุณเป็น"

"et je te préfère à ceux qui cachent un cœur ingrat"

"และฉันชอบคุณมากกว่าคนเหล่านั้นที่ซ่อนหัวใจที่ไม่รู้จักบุญคุณ"

"Si seulement j'avais un peu de bon sens", répondit la bête

"ถ้าเพียงแต่ข้าพเจ้ามีสติบ้าง" สัตว์ร้ายตอบ

"Si j'avais du bon sens, je vous ferais un beau compliment pour vous remercier"

"ถ้าฉันมีสติ ฉันจะกล่าวคำขอบคุณคุณด้วยความยินดี"

"mais je suis si ennuyeux"

"แต่ฉันโง่จังเลย"

« Je peux seulement dire que je vous suis très reconnaissant »

"ผมพูดได้เพียงว่าผมรู้สึกซาบซึ้งต่อคุณมาก"

Belle a mangé un copieux souper

สาวงามรับประทานอาหารเย็นอย่างอิ่มหนำ

et elle avait presque vaincu sa peur du monstre

และเธอก็เกือบจะเอาชนะความกลัวสัตว์ประหลาดนั้นได้แล้ว

mais elle a voulu s'évanouir lorsque la bête lui a posé la question suivante

แต่เธออยากจะหมดสติเมื่อสัตว์ร้ายถามคำถามต่อไปกับเธอ

"Belle, veux-tu être ma femme ?"

"สวยจัง คุณจะเป็นภรรยาของฉันไหม"

elle a mis du temps avant de pouvoir répondre

เธอใช้เวลาสักพักก่อนที่จะตอบได้

parce qu'elle avait peur de le mettre en colère

เพราะเธอเกรงจะทำให้เขาโกรธ

Mais finalement elle dit "non, bête"

แต่สุดท้ายเธอก็บอกว่า "ไม่นะ เจ้าสัตว์ร้าย"

immédiatement le pauvre monstre siffla très effroyablement

ทันใดนั้นสัตว์ประหลาดที่น่าสงสารก็ขู่ฟ่ออย่างน่ากลัวมาก

et tout le palais résonna

และทั้งพระราชวังก็ส่งเสียงดังก้อง

mais Belle se remit bientôt de sa frayeur

แต่นางงามก็หายจากความหวาดกลัวได้ในไม่ช้า

parce que la bête parla encore d'une voix lugubre

เพราะสัตว์ร้ายพูดอีกครั้งด้วยน้ำเสียงเศร้าโศก

"Alors adieu, Belle"

"ลาก่อนนะคนสวย"

et il ne se retournait que de temps en temps

และเขาก็หันกลับมาบ้างเป็นครั้งคราว

de la regarder alors qu'il sortait

เพื่อดูเธอขณะที่เขาออกไป

maintenant Belle était à nouveau seule

ตอนนี้ความงามก็อยู่โดดเดี่ยวอีกครั้ง

elle ressentait beaucoup de compassion

เธอมีความรู้สึกสงสารมาก

"Hélas, c'est mille fois dommage"

"น่าเสียดายเป็นพัน"

"tout ce qui est si bon ne devrait pas être si laid"

"สิ่งใดก็ตามที่มีนิสัยดีไม่ควรจะน่าเกลียดเช่นนี้"

Belle a passé trois mois très heureuse dans le palais

นางงามได้อยู่พระราชวังอย่างสบายใจเป็นเวลา 3 เดือน

chaque soir la bête lui rendait visite

ทุกเย็นสัตว์ร้ายจะมาเยี่ยมเธอ

et ils ont parlé pendant le dîner

และพวกเขาก็พูดคุยกันระหว่างมื้อเย็น

ils ont parlé avec bon sens

พวกเขาพูดคุยกันด้วยสามัญสำนึก

mais ils ne parlaient pas avec ce que les gens appellent de l'esprit

แต่พวกเขาไม่ได้พูดในสิ่งที่คนเรียกว่ามีไหวพริบ

Belle a toujours découvert un caractère précieux dans la bête

ความงามมักจะค้นพบลักษณะอันล้ำค่าบางอย่างในตัวสัตว์ร้าย

et elle s'était habituée à sa difformité

และเธอก็เคยชินกับความพิการของเขาแล้ว

elle ne redoutait plus le moment de sa visite

เธอไม่กลัวเวลาที่เขามาเยี่ยมอีกต่อไป

maintenant elle regardait souvent sa montre

ตอนนี้เธอดูนาฬิกาของเธอบ่อยๆ

et elle ne pouvait pas attendre qu'il soit neuf heures

และเธอไม่สามารถรอจนเกือบเก้าโมงได้

car la bête ne manquait jamais de venir à cette heure-là

เพราะสัตว์ร้ายไม่เคยพลาดการมาในเวลานั้น

il n'y avait qu'une seule chose qui concernait Belle

มีสิ่งเดียวที่เกี่ยวข้องกับความสวยงาม

chaque soir avant d'aller au lit, la bête lui posait la même question

ทุกคืนก่อนเข้านอน เจ้าสัตว์ร้ายจะถามคำถามเดิมกับเธอ

le monstre lui a demandé si elle voulait être sa femme

สัตว์ประหลาดถามเธอว่าเธอจะเป็นภรรยาของเขาหรือไม่

un jour elle lui dit : "bête, tu me mets très mal à l'aise"

วันหนึ่งเธอกล่าวกับเขาว่า "เจ้าสัตว์ร้าย

เจ้าทำให้ฉันรู้สึกไม่สบายใจมาก"

« J'aimerais pouvoir consentir à t'épouser »

"ฉันหวังว่าฉันจะยินยอมแต่งงานกับคุณได้"

"mais je suis trop sincère pour te faire croire que je t'épouserais"

"แต่ฉันจริงใจเกินกว่าที่จะทำให้คุณเชื่อว่าฉันจะแต่งงานกับคุณ"

"Notre mariage n'aura jamais lieu"

"การแต่งงานของเราจะไม่มีวันเกิดขึ้น"

« Je te verrai toujours comme un ami »

"ฉันจะมองคุณเป็นเพื่อนเสมอ"

"S'il vous plaît, essayez d'être satisfait de cela"

"โปรดพยายามพอใจกับสิ่งนี้"

« Je dois me contenter de cela », dit la bête

"ข้าพเจ้าจะต้องพอใจกับสิ่งนี้" สัตว์ร้ายกล่าว

« Je connais mon propre malheur »

"ฉันรู้ถึงความโชคร้ายของฉันเอง"

"mais je t'aime avec la plus tendre affection"

"แต่ฉันรักคุณด้วย ความรัก ที่อ่อนโยนที่สุด "

« Cependant, je devrais me considérer comme heureux »

"อย่างไรก็ตาม ฉันควรจะถือว่าตัวเองมีความสุข"

"et je serais heureux que tu restes ici"

"และฉันก็ควรจะดีใจที่คุณจะอยู่ที่นี่"

"promets-moi de ne jamais me quitter"

"สัญญากับฉันนะว่าจะไม่ทิ้งฉันไป"

Belle rougit à ces mots

ความงามเขินอายเมื่อได้ยินคำพูดเหล่านี้

Un jour, Belle se regardait dans son miroir
วันหนึ่งนางงามกำลังมองกระจก

son père s'était inquiété à mort pour elle
พ่อของเธอเองก็กังวลใจและเป็นห่วงเธอ

elle avait plus que jamais envie de le revoir
เธอปรารถนาที่จะพบเขาอีกครั้งมากกว่าที่เคย

« Je pourrais te promettre de ne jamais te quitter complètement »
"ฉันสัญญาว่าจะไม่ทิ้งคุณไปเลย"

"mais j'ai tellement envie de voir mon père"
"แต่ฉันมีความปรารถนาที่จะพบพ่อมาก"

« Je serais terriblement contrarié si tu disais non »
"ฉันจะเสียใจมากหากคุณปฏิเสธ"

« Je préfère mourir moi-même », dit le monstre
"ฉันอยากตายเสียเองมากกว่า" สัตว์ประหลาดกล่าว

« Je préférerais mourir plutôt que de te mettre mal à l'aise »
"ฉันยอมตายดีกว่าที่จะทำให้คุณรู้สึกไม่สบายใจ"

« Je t'enverrai vers ton père »
"ฉันจะส่งคุณไปหาพ่อของคุณ"

"tu resteras avec lui"
"เจ้าจะต้องอยู่กับเขา"

"et cette malheureuse bête mourra de chagrin à la place"
"และสัตว์ร้ายตัวนี้จะตายด้วยความเศร้าโศกแทน"

« Non », dit Belle en pleurant
"ไม่" นางงามกล่าวพร้อมร้องไห้

"Je t'aime trop pour être la cause de ta mort"
"ฉันรักคุณมากเกินกว่าจะเป็นสาเหตุของความตายของคุณได้"

"Je te promets de revenir dans une semaine"
"ฉันสัญญาว่าจะกลับมาภายในหนึ่งสัปดาห์"

« Tu m'as montré que mes sœurs sont mariées »
"คุณได้แสดงให้ฉันเห็นว่าพี่สาวของฉันแต่งงานแล้ว"

« et mes frères sont partis à l'armée »
"และพี่น้องของฉันได้ไปเข้ากองทัพ"

« laisse-moi rester une semaine avec mon père, car il est seul »
"ให้ฉันอยู่กับพ่อสักสัปดาห์หนึ่ง เพราะพ่ออยู่คนเดียว"

« Tu seras là demain matin », dit la bête
"พรุ่งนี้เช้าเจ้าจะไปถึงที่นั่น" สัตว์ร้ายกล่าว

"mais souviens-toi de ta promesse"
"แต่จงจำคำสัญญาของคุณไว้"

« Il vous suffit de poser votre bague sur une table avant d'aller vous coucher »
"คุณเพียงแค่ต้องวางแหวนของคุณไว้บนโต๊ะก่อนเข้านอน"

"et alors tu seras ramené avant le matin"
"แล้วเจ้าก็จะถูกนำกลับมาให้ทันก่อนรุ่งเช้า"

« Adieu chère Belle », soupira la bête
"ลาก่อนนะที่รัก" สัตว์ร้ายถอนหายใจ

Belle s'est couchée très triste cette nuit-là
คืนนั้นนางงามเข้านอนด้วยความเศร้าใจมาก

parce qu'elle ne voulait pas voir la bête si inquiète
เพราะเธอไม่อยากเห็นสัตว์ร้ายเป็นกังวลมากขนาดนั้น

le lendemain matin, elle se retrouva chez son père
เช้าวันรุ่งขึ้นเธอก็พบว่าตัวเองอยู่ที่บ้านของพ่อของเธอ

elle a sonné une petite cloche à côté de son lit
เธอไปตีระฆังเล็กๆ ข้างเตียงของเธอ

et la servante poussa un grand cri

และสาวใช้ก็กรี๊ดเสียงดัง

et son père a couru à l'étage

และพ่อของเธอก็วิ่งขึ้นไปชั้นบน

il pensait qu'il allait mourir de joie

เขาคิดว่าเขาจะตายด้วยความยินดี

il l'a tenue dans ses bras pendant un quart d'heure

เขาอุ้มเธอไว้ในอ้อมแขนนานถึงหนึ่งในสี่ของชั่วโมง

Finalement, les premières salutations étaient terminées

ในที่สุดคำทักทายแรกก็ผ่านไป

Belle a commencé à penser à sortir du lit

สาวสวยเริ่มคิดที่จะลุกออกจากเตียง

mais elle s'est rendu compte qu'elle n'avait apporté aucun vêtement

แต่เธอรู้ตัวว่าเธอไม่ได้นำเสื้อผ้ามาเลย

mais la servante lui a dit qu'elle avait trouvé une boîte

แต่สาวใช้บอกว่าเธอพบกล่องใบหนึ่ง

le grand coffre était plein de robes et de robes

หีบใหญ่เต็มไปด้วยชุดราตรีและชุดเดรส

chaque robe était couverte d'or et de diamants

ชุดแต่ละชุดถูกประดับด้วยทองและเพชร

La Belle a remercié la Bête pour ses bons soins

นางงามขอบคุณบีสท์สำหรับการดูแลอันแสนดีของเขา

et elle a pris l'une des robes les plus simples

และเธอหยิบชุดหนึ่งที่เรียบง่ายที่สุด

elle avait l'intention de donner les autres robes à ses sœurs

เธอตั้งใจจะมอบชุดอื่น ๆ ให้กับน้องสาวของเธอ

mais à cette pensée le coffre de vêtements disparut

แต่เมื่อคิดเช่นนั้นหีบเสื้อผ้าก็หายไป

la bête avait insisté sur le fait que les vêtements étaient pour elle seulement

สัตว์ร้ายยืนกรานว่าเสื้อผ้าเหล่านี้มีไว้สำหรับเธอเท่านั้น

son père lui a dit que c'était le cas

พ่อของเธอบอกกับเธอว่านี่คือกรณีนั้น

et aussitôt le coffre de vêtements est revenu

แล้วทันใดนั้นหีบผ้าก็กลับมาอีกครั้ง

Belle s'est habillée avec ses nouveaux vêtements

นางงามแต่งตัวด้วยเสื้อผ้าใหม่ของเธอ

et pendant ce temps les servantes allèrent chercher ses sœurs

และระหว่างนั้นคนรับใช้ก็ออกไปตามหาพี่สาวของเธอ

ses deux sœurs étaient avec leurs maris

น้องสาวของเธอทั้งสองอยู่กับสามีของพวกเขา

mais ses deux sœurs étaient très malheureuses

แต่พี่สาวทั้งสองของเธอกลับไม่มีความสุขเลย

sa sœur aînée avait épousé un très beau gentleman

พี่สาวคนโตของเธอได้แต่งงานกับสุภาพบุรุษที่หล่อมากคนหนึ่ง

mais il était tellement amoureux de lui-même qu'il négligeait sa femme

แต่เขารักตัวเองมากจนละเลยภรรยาของเขา

sa deuxième sœur avait épousé un homme spirituel

น้องสาวคนที่สองของเธอแต่งงานกับผู้ชายที่เฉลียวฉลาด

mais il a utilisé son esprit pour tourmenter les gens

แต่เขาใช้ไหวพริบของตนในการทรมานผู้คน

et il tourmentait surtout sa femme

และเขายังทรมานภรรยาของเขามากที่สุดอีกด้วย

Les sœurs de Belle l'ont vue habillée comme une princesse

พี่สาวคนสวยเห็นเธอแต่งตัวเหมือนเจ้าหญิง

et ils furent écœurés d'envie

และพวกเขาก็รู้สึกอิจฉาจนป่วย

maintenant elle était plus belle que jamais

ตอนนี้เธอสวยกว่าที่เคย

son comportement affectueux n'a pas pu étouffer leur jalousie

พฤติกรรมความรักใคร่ของเธอไม่อาจระงับความหึงหวงของพวกเขาได้

elle leur a dit combien elle était heureuse avec la bête

เธอเล่าให้พวกเขาฟังว่าเธอมีความสุขกับสัตว์ร้ายนั้นมากเพียงใด

et leur jalousie était prête à éclater

และความอิจฉาของพวกเขาก็พร้อมที่จะระเบิดออกมา

Ils descendirent dans le jardin pour pleurer leur malheur

พวกเขาลงไปในสวนเพื่อร้องไห้ถึงความโชคร้ายของพวกเขา

« En quoi cette petite créature est-elle meilleure que nous ? »

"สิ่งมีชีวิตตัวน้อยๆ นี้ดีกว่าเราอย่างไร?"

« Pourquoi devrait-elle être tellement plus heureuse ? »

"ทำไมเธอถึงต้องมีความสุขมากขนาดนี้?"

« Sœur », dit la sœur aînée

"พี่สาว" พี่สาวพูด

"une pensée vient de me traverser l'esprit"

"ความคิดหนึ่งก็แวบเข้ามาในใจฉัน"

« Essayons de la garder ici plus d'une semaine »

"เราจะพยายามให้เธออยู่ที่นี่นานกว่าหนึ่งสัปดาห์"

"Peut-être que cela fera enrager ce monstre idiot"

"บางทีสิ่งนี้อาจทำให้เจ้าสัตว์ประหลาดโง่เขลาโกรธ"

« parce qu'elle aurait manqué à sa parole »

"เพราะเธอคงจะผิดคำพูด"

"et alors il pourrait la dévorer"

"แล้วเขาก็จะกินเธอได้"

"C'est une excellente idée", répondit l'autre sœur

"นั่นเป็นความคิดที่ดี" น้องสาวอีกคนตอบ

« Nous devons lui montrer autant de gentillesse que possible »

"เราต้องแสดงความเมตตาต่อเธอมากที่สุดเท่าที่ทำได้"

les sœurs en ont fait leur résolution

พี่สาวทั้งสองได้ตัดสินใจเรื่องนี้

et ils se sont comportés très affectueusement envers leur sœur

และพวกเขาก็แสดงความรักต่อน้องสาวของตนมาก

pauvre Belle pleurait de joie à cause de toute leur gentillesse

นางงามผู้น่าสงสารร้องไห้ด้วยความยินดีจากความกรุณาของพวกเธอ

quand la semaine fut expirée, ils pleurèrent et s'arrachèrent les cheveux

เมื่อสัปดาห์นั้นหมดลง พวกเขาก็ร้องไห้และฉีกผม

ils semblaient si désolés de se séparer d'elle

พวกเขาดูเสียใจมากที่ต้องแยกทางกับเธอ

et Belle a promis de rester une semaine de plus

และความงามสัญญาว่าจะอยู่ต่ออีกสัปดาห์หนึ่ง

Pendant ce temps, Belle ne pouvait s'empêcher de réfléchir sur elle-même

ในขณะเดียวกันความงามก็อดไม่ได้ที่จะทบทวนตัวเอง

elle s'inquiétait de ce qu'elle faisait à la pauvre bête

เธอเป็นกังวลว่าเธอกำลังทำอะไรกับสัตว์ที่น่าสงสาร

elle sait qu'elle l'aimait sincèrement

เธอรู้ว่าเธอรักเขาอย่างจริงใจ

et elle avait vraiment envie de le revoir

และเธอปรารถนาที่จะพบเขาอีกครั้งจริงๆ

la dixième nuit qu'elle a passée chez son père aussi

คืนที่สิบที่เธอใช้เวลาอยู่ที่บ้านพ่อของเธอเช่นกัน

elle a rêvé qu'elle était dans le jardin du palais

เธอฝันว่าเธออยู่ในสวนพระราชวัง

et elle rêva qu'elle voyait la bête étendue sur l'herbe

และเธอฝันว่าเห็นสัตว์ร้ายนั้นนอนอยู่บนพื้นหญ้า

il semblait lui faire des reproches d'une voix mourante

เขาเหมือนจะตำหนิเธอด้วยน้ำเสียงที่กำลังจะตาย

et il l'accusa d'ingratitude

และเขากล่าวหาเธอว่าเป็นคนเนรคุณ

Belle s'est réveillée de son sommeil

นางงามตื่นจากหลับ

et elle a fondu en larmes

แล้วเธอก็ร้องไห้ออกมา

« Ne suis-je pas très méchant ? »

"ฉันไม่ชั่วร้ายมากใช่ไหม?"

« N'était-ce pas cruel de ma part d'agir si méchamment envers la bête ? »

"การที่ข้าพเจ้ากระทำไม่ดีต่อสัตว์ร้ายนั้น

ถือเป็นความโหดร้ายของข้าพเจ้ามิใช่หรือ?"

"la bête a tout fait pour me faire plaisir"

"สัตว์ร้ายทำทุกอย่างเพื่อทำให้ฉันพอใจ"

« Est-ce sa faute s'il est si laid ? »

"มันเป็นความผิดของเขาเหรอที่เขาขี้เหร่ขนาดนั้น?"

« Est-ce sa faute s'il a si peu d'esprit ? »

"มันเป็นความผิดของเขาหรือเปล่าที่เขามีไหวพริบน้อย?"

« Il est gentil et bon, et cela suffit »

"เขาเป็นคนใจดีและดี แค่นั้นก็เพียงพอแล้ว"

« Pourquoi ai-je refusé de l'épouser ? »

"ทำไมฉันถึงปฏิเสธที่จะแต่งงานกับเขา?"

« Je devrais être heureux avec le monstre »

"ฉันควรจะดีใจกับเจ้าสัตว์ประหลาดนั่น"

« regarde les maris de mes sœurs »

"ดูสามีของน้องสาวฉันสิ"

« Ni l'esprit, ni la beauté ne les rendent bons »

"ไม่ว่าความเฉลียวฉลาดหรือความหล่อเหลาก็ไม่ทำให้พวกเขาเป็นคนดี"

« aucun de leurs maris ne les rend heureuses »

"สามีของพวกเธอก็ไม่ทำให้พวกเธอมีความสุข"

« mais la vertu, la douceur de caractère et la patience »

"แต่ความดี ความอ่อนหวานของอารมณ์ และความอดทน"

"ces choses rendent une femme heureuse"

"สิ่งเหล่านี้ทำให้ผู้หญิงมีความสุข"

"et la bête a toutes ces qualités précieuses"

"และสัตว์ร้ายนั้นมีคุณสมบัติอันมีค่าเหล่านี้ทั้งหมด"

"c'est vrai, je ne ressens pas de tendresse et d'affection pour lui"

"เป็นความจริง ฉันไม่ได้รู้สึกอ่อนโยนต่อเขาเลย"

"mais je trouve que j'éprouve la plus grande gratitude envers lui"

"แต่ฉันพบว่าฉันรู้สึกขอบคุณเขามากที่สุด"

"et j'ai la plus haute estime pour lui"

"และฉันก็มีความนับถือเขาอย่างสูง"

"et il est mon meilleur ami"

"และเขาคือเพื่อนที่ดีที่สุดของฉัน"

« Je ne le rendrai pas malheureux »
"ฉันจะไม่ทำให้เขาต้องทุกข์ใจ"

« Si j'étais si ingrat, je ne me le pardonnerais jamais »
"ถ้าฉันเป็นคนเนรคุณขนาดนั้น ฉันคงไม่มีวันให้อภัยตัวเอง"

Belle a posé sa bague sur la table
ความงามวางแหวนของเธอไว้บนโต๊ะ

et elle est retournée au lit
แล้วเธอก็เข้านอนอีกครั้ง

à peine était-elle au lit qu'elle s'endormit
เธอแทบจะเข้านอนก่อนจะหลับไป

elle s'est réveillée à nouveau le lendemain matin
เธอตื่นขึ้นมาอีกครั้งในเช้าวันรุ่งขึ้น

et elle était ravie de se retrouver dans le palais de la bête
และนางก็ดีใจมากเมื่อพบว่าตนเองอยู่ในวังของสัตว์ร้ายนั้น

elle a mis une de ses plus belles robes pour lui faire plaisir
เธอสวมชุดที่สวยที่สุดของเธอเพื่อเอาใจเขา

et elle attendait patiemment le soir
และเธอก็อดทนรอจนถึงตอนเย็น

enfin l' heure tant souhaitée est arrivée
ในที่สุด ชั่วโมง แห่งความปรารถนา ก็มาถึง

L'horloge a sonné neuf heures, mais aucune bête n'est apparue
นาฬิกาตีเก้าโมงแล้วแต่สัตว์ร้ายก็ไม่ปรากฏตัว

La belle craignit alors d'avoir été la cause de sa mort
นางงามจึงเกรงว่าตนเป็นสาเหตุที่ทำให้เขาตาย

elle a couru en pleurant dans tout le palais
เธอวิ่งร้องไห้ไปทั่วพระราชวัง

après l'avoir cherché partout, elle se souvint de son rêve

เมื่อได้ตามหาเขาไปทั่วแล้ว นางก็ระลึกถึงความฝันของตนได้

et elle a couru vers le canal dans le jardin
แล้วเธอก็วิ่งไปที่คลองในสวน

là elle a trouvé la pauvre bête étendue
ที่นั่นเธอพบสัตว์ที่น่าสงสารตัวนั้นนอนเหยียดอยู่

et elle était sûre de l'avoir tué
และเธอแน่ใจว่าเธอได้ฆ่าเขา

elle se jeta sur lui sans aucune crainte
เธอโยนตัวไปหาเขาโดยไม่รู้สึกหวาดกลัวใดๆ

son cœur battait encore
หัวใจของเขายังเต้นอยู่

elle est allée chercher de l'eau au canal
เธอตักน้ำจากคลองมา

et elle versa l'eau sur sa tête
แล้วเธอก็เทน้ำลงบนศีรษะของเขา

la bête ouvrit les yeux et parla à Belle
สัตว์ร้ายลืมตาและพูดคุยกับความงาม

« Tu as oublié ta promesse »
"คุณลืมคำสัญญาของคุณ"

« J'étais tellement navrée de t'avoir perdu »
"ฉันเสียใจมากที่ต้องสูญเสียคุณไป"

« J'ai décidé de me laisser mourir de faim »
"ฉันตั้งใจจะอดอาหารตัวเอง"

"mais j'ai le bonheur de te revoir une fois de plus"
"แต่ฉันมีความสุขที่ได้พบคุณอีกครั้ง"

"j'ai donc le plaisir de mourir satisfait"
"ฉันจึงมีความสุขที่ได้ตายอย่างพึงพอใจ"

« Non, chère bête », dit Belle, « tu ne dois pas mourir »

"ไม่นะ เจ้าสัตว์ร้ายที่รัก" นางงามกล่าว "เจ้าจะต้องไม่ตาย"

« Vis pour être mon mari »
"มีชีวิตอยู่เพื่อเป็นสามีของฉัน"

"à partir de maintenant je te donne ma main"
"จากนี้ไปฉันจะยื่นมือให้คุณ"

"et je jure de n'être que le tien"
"และฉันสาบานว่าจะไม่มีใครอื่นนอกจากคุณ"

« Hélas ! Je pensais n'avoir que de l'amitié pour toi »
"โอ้ย! ฉันคิดว่าฉันมีแค่มิตรภาพกับคุณเท่านั้น"

« mais la douleur que je ressens maintenant m'en convainc » ;
"แต่ความเศร้าโศกที่ฉันรู้สึกอยู่ขณะนี้ก็ทำให้ฉันมั่นใจขึ้นแล้ว"

"Je ne peux pas vivre sans toi"
"ฉันไม่สามารถอยู่ได้หากไม่มีคุณ"

Belle avait à peine prononcé ces mots lorsqu'elle vit une lumière
ความงามอันแสนงดงามแทบจะไม่ได้กล่าวคำเหล่านี้เมื่อเธอเห็นแสงสว่าง

le palais scintillait de lumière
พระราชวังส่องประกายด้วยแสง

des feux d'artifice ont illuminé le ciel
ดอกไม้ไฟที่จุดขึ้นบนท้องฟ้า

et l'air rempli de musique
และอากาศก็เต็มไปด้วยเสียงดนตรี

tout annonçait un grand événement
ทุกสิ่งทุกอย่างแจ้งให้ทราบถึงเหตุการณ์สำคัญบางอย่าง

mais rien ne pouvait retenir son attention
แต่ไม่มีอะไรสามารถดึงความสนใจของเธอได้

elle s'est tournée vers sa chère bête
เธอหันไปหาสัตว์ที่รักของเธอ

la bête pour laquelle elle tremblait de peur
สัตว์ร้ายซึ่งเธอสั่นสะท้านด้วยความกลัว

mais sa surprise fut grande face à ce qu'elle vit !
แต่ความประหลาดใจของเธอยิ่งใหญ่มากกับสิ่งที่เธอเห็น!

la bête avait disparu
สัตว์ร้ายนั้นได้หายไปแล้ว

Au lieu de cela, elle a vu le plus beau prince
แต่เธอกลับเห็นเจ้าชายผู้น่ารักที่สุด

elle avait mis fin au sort
เธอได้ยุติคำสาปแล้ว

un sort sous lequel il ressemblait à une bête
คาถาที่ทำให้เขาเหมือนสัตว์ร้าย

ce prince était digne de toute son attention
เจ้าชายผู้นี้สมควรได้รับความสนใจจากเธออย่างยิ่ง

mais elle ne pouvait s'empêcher de demander où était la bête
แต่เธออดไม่ได้ที่จะถามว่าสัตว์ร้ายนั้นอยู่ที่ไหน

« Vous le voyez à vos pieds », dit le prince
"เจ้าเห็นเขาอยู่ที่เท้าของเจ้า" เจ้าชายกล่าว

« Une méchante fée m'avait condamné »
"นางฟ้าชั่วร้ายได้ลงโทษฉัน"

« Je devais rester dans cette forme jusqu'à ce qu'une belle princesse accepte de m'épouser »
"ฉันจะคงอยู่ในสภาพนั้นต่อไปจนกว่าเจ้าหญิงที่สวยงามจะยอมแต่งงานกับฉัน"

"la fée a caché ma compréhension"
"นางฟ้าซ่อนความเข้าใจของฉันไว้"

« tu étais le seul assez généreux pour être charmé par la bonté de mon caractère »

"คุณเป็นคนเดียวเท่านั้นที่ใจกว้างพอที่จะหลงใหลในความใจดีของอารมณ์ของฉัน"

Belle était agréablement surprise

ความงามก็ประหลาดใจอย่างมีความสุข

et elle donna sa main au charmant prince

และเธอก็ยื่นมือให้เจ้าชายผู้มีเสน่ห์

ils sont allés ensemble au château

พวกเขาเข้าไปในปราสาทด้วยกัน

et Belle fut ravie de retrouver son père au château

และนางงามก็ดีใจมากที่ได้พบพ่อของเธอในปราสาท

et toute sa famille était là aussi

และครอบครัวของเธอก็อยู่ที่นั่นด้วย

même la belle dame qui lui était apparue dans son rêve était là

แม้แต่หญิงสาวสวยที่ปรากฏในความฝันของเธอก็อยู่ที่นั่นด้วย

"Belle", dit la dame du rêve

"สวยจัง" หญิงสาวในฝันเอ่ย

« viens et reçois ta récompense »

"มารับรางวัลของคุณสิ"

« Vous avez préféré la vertu à l'esprit ou à l'apparence »

"คุณชอบคุณธรรมมากกว่าไหวพริบหรือรูปลักษณ์"

"et tu mérites quelqu'un chez qui ces qualités sont réunies"

"และคุณสมควรได้รับใครสักคนที่มีคุณสมบัติเหล่านี้รวมกัน"

"tu vas être une grande reine"

"คุณจะเป็นราชินีที่ยิ่งใหญ่"

« J'espère que le trône ne diminuera pas votre vertu »

"หวังว่าราชบัลลังก์จะไม่ทำให้ความดีของคุณลดน้อยลง"

puis la fée se tourna vers les deux sœurs

แล้วนางฟ้าก็หันไปหาสองสาว

« J'ai vu à l'intérieur de vos cœurs »

"ฉันได้เห็นภายในใจของคุณแล้ว"

"et je connais toute la méchanceté que contiennent vos cœurs"

"และข้าพเจ้าทราบถึงความชั่วร้ายที่อยู่ในใจของท่าน"

« Vous deux deviendrez des statues »

"พวกคุณทั้งสองจะกลายเป็นรูปปั้น"

"mais vous garderez votre esprit"

"แต่คุณจะต้องรักษาจิตใจของคุณไว้"

« Tu te tiendras aux portes du palais de ta sœur »

"เจ้าจงยืนที่ประตูวังของน้องสาวเจ้า"

"Le bonheur de ta sœur sera ta punition"

"ความสุขของน้องสาวคุณคือการลงโทษคุณ"

« vous ne pourrez pas revenir à vos anciens états »

"คุณจะไม่สามารถกลับไปสู่สถานะเดิมของคุณได้อีกแล้ว"

« à moins que vous n'admettiez tous les deux vos fautes »

"เว้นแต่คุณทั้งสองจะยอมรับความผิดของตนเอง"

"mais je prévois que vous resterez toujours des statues"

"แต่ฉันคาดการณ์ว่าคุณจะยังคงเป็นรูปปั้นตลอดไป"

« L'orgueil, la colère, la gourmandise et l'oisiveté sont parfois vaincus »

"ความเย่อหยิ่ง ความโกรธ ความตะกละ และความขี้เกียจ บางครั้งก็ถูกเอาชนะได้"

" mais la conversion des esprits envieux et malveillants sont des miracles "

" แต่ การเปลี่ยนแปลงจิตใจที่อิจฉาและคิดร้ายเป็นปาฏิหาริย์"

immédiatement la fée donna un coup de baguette

ทันใดนั้นนางฟ้าก็ตีไม้กายสิทธิ์ของเธอ

et en un instant tous ceux qui étaient dans la salle furent transportés

และทันใดนั้นทุกคนที่อยู่ในห้องโถงก็ถูกเคลื่อนย้ายออกไป

ils étaient entrés dans les domaines du prince

พวกเขาได้เข้าไปในอาณาจักรของเจ้าชาย

les sujets du prince l'ont reçu avec joie

ราษฎรของเจ้าชายก็ต้อนรับเขาด้วยความยินดี

le prêtre a épousé Belle et la bête

บาทหลวงแต่งงานกับเจ้าหญิงนิทราและอสูร

et il a vécu avec elle de nombreuses années

และเขาใช้ชีวิตอยู่ร่วมกับเธอหลายปี

et leur bonheur était complet

และความสุขของพวกเขาก็สมบูรณ์

parce que leur bonheur était fondé sur la vertu

เพราะความสุขของเขามีรากฐานมาจากคุณธรรม

La fin

จุดจบ

www.tranzlaty.com

www.ingramcontent.com/pod-product-compliance
Lightning Source LLC
Chambersburg PA
CBHW010611100526
44585CB00038B/2542
* 9 7 8 1 8 0 5 7 2 0 6 4 5 *